또 다른
세상 속으로

또 다른 세상 속으로

초판 1쇄 인쇄 2024년 3월 5일
초판 1쇄 발행 2024년 3월 10일

지은이 박민정
펴낸이 金泰奉
펴낸곳 도서출판 띠앗
등 록 제4-414호

편 집 김태일
마케팅 김명준

주 소 (우) 05044 서울시 광진구 아차산로 413(구의동 243-22)
전 화 (02)454-0492(代)
팩 스 (02)454-0493
이메일 hansom@hansom.co.kr
홈페이지 www.hansom.co.kr

ISBN 978-89-5854-135 6 (03810)

또 다른 세상 속으로

박민정 지음

| 시인의 말 |

평범한 내가 남들과 다른 세상에서 평범하지 못한 삶을 사는 동안에 떠오르는 이야기도 다가오는 마음도 참 많았습니다.

무언가 남기고 싶어 글을 쓰면서 소중한 사람들과 함께했던 소중한 이야기가 많은 소재가 되었습니다.

아침에 창 너머 보이는 아지랑이처럼 무언가 잡히지 않는 신기루처럼 한 자 한 자 표현할 수 있는 말들로 많이 부족하지만 제 자신의 느낌을 표현하고자 글을 남깁니다.

아무것도 하지 않은 사람은 아무것도 가질 수 없기에 무언가 하고 있는지도 모릅니다. 집안을 정리하는 것도 생각을 정리하는 것도 마음을 정리하는 것도 제 글을 정리하고 다듬는 것도 살아있는 증거고 살고 있다는 축복이라 생각합니다.

겨울이 지나고 봄을 맞이할 문턱에 두꺼운 외투를 벗고 멋스러운 가죽점퍼를 걸치며 거울을 한번 봅니다.

지금 내 인생도 멋스러운 점퍼를 걸치며 거울을 쳐다보는 그쯤에 도착해 있습니다. 이제 조금은 내려놓고 쉬고 싶어지는 그런 정차역이 다가옵니다.

아름다운 우리말은 참 어렵습니다. 부족한 솜씨로 글을 쓰다 보니 다듬어지지 않는 투박함이 드러나지만 그래도 순간순간 느껴지는 창작으로 이 책을 써 내려갑니다.

내 이야기를 들어주는 누군가를 위해 한 줄 한 줄 적어봅니다.

언제나 누군가의 소중한 사람이기를 간절히 소망하며 이 글을 마칩니다.

박민정

| 목차 |

제3부_ 그래도 다시 한 번

제5부_ 삶 속으로 〈에세이 편〉

제1부

그 길을 걷는 나

에메랄드 여행

- 글라라

에메랄드빛 향기가 난다
그린의 향기가
발목까지 올라온 바닷물은
잔잔한 감동
제주의 바다는 꿈길 속 그곳
에메랄드빛 향기를 피웠다

햇살을 받은 바닷물은
투명한 물길을 만들고
올레길 아래에
그리운 사연을 전했다

우리들의 밤은 에메랄드 하늘
검붉은 바람은
낡은 사진첩 추억을 남기고
연인들의 웃음 속에
에메랄드 추억이 서렸다

바람은 누군가의 맘속에 사랑을
바람은 누군가의 맘속에 아련함을
물질하는 해녀의 해맑은 미소로

에메랄드빛 바다는 아침을 인사하고
향기로운 목장의 푸름이
에메랄드 하늘을 열었다

내 슬픔과 함께

그해 여름은
푸른 바다와 커피향이
녹아들었다

어우러진 그들과
내 아픔이 공존한 세상
우리들은 함께했고
웃고 있었다

해맑은 미소 속에
어우러진 내 슬픔
차가운 물속에 담겨진
발등과 함께
엉클어진 맘속에
슬픈 우리들의 여행

술잔을 기울이고

노래하며 빙글빙글 춤춘다

하늘이 아는가
저 바다가 아는가
녹아드는 아픔도 기억도
스르륵 잠이 든다

추억도 꿈이라 생각되는 그 순간
아픔이 녹아든다
뜨거운 여름날 내 기억은
망각의 늪에 빠져든다

푸른 잔디에 누워
도란도란 미래를 꿈꾸고
지나간 인연 속
그 사람을 날려 버린다

꼭 맞는 옷처럼

너에게 꼭 맞는 옷처럼
난 할 수 없다

그런 삶이 어색해
오랜 시간 반복 속에 똑같아
무료한 인생의 움직임 속에
영혼이 빼앗겨 싫어! 그런 삶이

때때로 착각을 불러와
안도하는 하루하루를
행복이라 생각하는지
난 외롭다 혼자니깐

꼭 맞는 너의 옷처럼
퇴색하기 싫으니깐

난 오늘도 식탁에 덩그러니
생각하고 또 생각해
내 인생은 무언지

너에게 꼭 맞는 옷처럼
난 할 수 없다
그런 삶이 싫어서
지금 널 보고 있는 거야

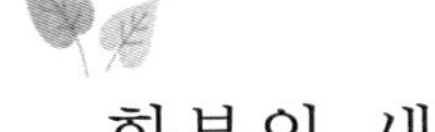

화분의 새싹

한겨울 잠자고 일어난
나뭇가지 사이로
푸름이 자리했다

좁은 공간 답답함에
삐죽삐죽 얼굴을 내밀고
가느다란 뿌리 사이사이로
악수하는 소리
검붉은 흙 위로 오르려
봄을 노래하는 소리

어느덧 가지마다
파란 잎들의 춤사위
앙상한 가지는 희망을 내뿜고
기지개를 켜다가
펴져서 새싹이 됐다

친구들의 파란 노랫소리
태양도 삐죽 안녕!
메마른 가지 위로
손잡고 계단을 오르고
햇살의 영양을 나누어 가지려
신음하는 소리

화분의 새싹은
봄을 가져왔다

말 말이라니

듣기 좋은 말
듣기 싫어하는 말
다가오는 마음이 느껴지는 말
배려하는 말
사랑이 느껴지는 말
아픈 말
이별을 통보하는 말
걱정하지만 뼈저리게 질책하는 말
누군가를 해치는 말

말 잘하는 사람은
함축적으로 말한다
그저 짧게 한마디로
사람을 사로잡는 마법

말 한마디 한마디가
누군가를 기쁘게도!

슬프게도!
아프게도!
영혼을 가져가기도 한다

우리들의 가장 큰 재산
요술방망이는 말이 되어
인생을 노래할 거다

그 길을 걷는 나

뒤돌아보니
그곳에 서 있는 나
어찌어찌 강산 너머
같은 자리 그 자리

아프네 아플지 몰랐는데
외롭네 그리울지 몰랐는데
그 길을 걷고 있는
내 모습이 슬프다

바란 건 아닌데
선택도 아닌데
그 자리에 난
멈춰 섰다

움직이는 심장 소리에
흠뻑 놀라고

자라나는
욕망의 끈을 이어 간다

진한 그리움도
진한 따스함도
그 길에 함께 있다

희망 속으로

다가오는 인연 앞에
머리를 살짝 들어 올렸다
두근거림 속 희망은
싹이 생기고 열매를 맺어
화분 속 줄기에 날개를 달았다

희망 속으로 다가가 악수하며
삐죽 안녕!

날아오른 풍선은 높이 떠가고
내 맘도 둥실둥실
희망 속으로 향한다

단풍잎 물들은 어느 가을날
속삭이는 연인들의 사랑 이야기가
희망 속 페이지를 메우며 자리한다

우울하지만 오늘도

아침을 기다려 웃는 연습 중
하루를 기다려 이해하는 중
우울하지만 오늘도 또
시작하지만 끝내는 중
마음속 기대는 져버리는 중

만남도 중요하지만 이별은
예의 있게
절도 있게

인연도 새롭지만 지나간 추억도
소중히 떠올리는 무언가
저녁을 기다려 우는 연습 중
하루가 지나면 이해하는 중

우울하지만 오늘도 또
내일이 오는 아침을 기다려

예쁜 눈 함박눈

하늘에서
하얀 비가 내립니다
흩어져 버리는 눈발은
빗물로 땅에
휘날리는 눈송이는
나뭇가지에 눈꽃을
하얀 세상에 하얀 거리는
축복으로

우리들도 거리에 나와
눈 손님과 악수하며
하얀 멜로디 속으로
하얀 눈송이는
송 송 송 노래하며
축복 속으로

방울방울 눈비는
예쁜 눈 함박눈
함박눈이 내리네요

지금 길가에 비스듬히
내려오는 하늘의 눈물
하얀 눈물
예쁜 눈
예쁜 눈물

눈송이가 흩어진 거리에
하얀 발자국을 남기며
뽀드득 뽀드득
합창소리 요란하게
하얀 눈송이 반갑게
소리를 지른다

운해

뭉글뭉글 떠다니는 구름바다
하늘 아래 하얀 바다 뭉근 구름
구름 조각조각 산을 이루고
비행기 너머 보이는 장관은
물처럼 하얀 구름

출렁이는 낮은 하얀 봉우리들 사이사이
회색빛 감돌고 엉키고 달라붙어
구름 산을 이룬다
하얀 구름 위에 떠있는
내 얼굴은 선녀 봉우리

비행기 아래 발 디딤돌 놓아 구름 산 건너면
먼 나라 여행하는 님 깊이 잠들다
뭉글뭉글 떠오르는 수증기 소리는
꿈처럼 떠다니는 운해의 한 폭 그림이네

제2부

산다는 것

7초 사랑

누군가를 사랑하게 되는 시간 7초
일곱을 세는 순간 사랑에 빠진다
자신도 모르게 마법에 걸린다

믿기 힘들지만 그 짧은 순간에
뇌에서 상대를
사랑하는 사람으로 각인한다

오랜 시간 만남을 가져도
사랑하는 마음이 생기지 않고
무덤덤 지낼 수 있지만
7초 만에 사랑의 마음이
생길 수 있다는 건
축복이고 기적이다

너무도 완벽한 사랑
운명적 만남

뇌에서 그 사람을
심장에서 두근거림을
그리움을 동반하는 선물이다

7초 순간
사랑에 빠진 연인
큐피드의 화살이
그들의 심장에 꽂혀
운명은 시작된다

화이트 크리스마스

눈 내리는 크리스마스이브
오늘 화이트 크리스마스
메리 크리스마스 눈이 내리네요

하얀 눈송이 날리는 크리스마스
하얀 미소
하얀 바람
하얀 눈송이 뽀드득
사랑스런 연인
술잔을 기울이며 건배

창가에도 길가에도 오가는 사람들
메리 크리스마스 캐럴 송
징글벨 징글벨 신나는 음악소리
눈 내리는 오늘이 화이트 크리스마스
눈송이 밟고
한 발짝 앞으로 더 앞으로

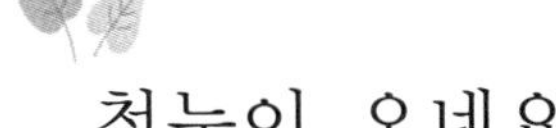

첫눈이 오네요

하얀 바람 하얀 구름 하얀 눈꽃

나뭇가지에 걸린 하얀 물방울
처마에 걸린 하얀 고드름
바람에 날리는 하얀 눈송이
첫눈이 오네요

올 겨울 사랑하는 연인들
첫나들이 첫눈이 오네요
하얀 바람과 하얀 눈송이
소리 없는 멜로디
눈꽃 노래가 들리네요

아이들 웃음소리 바람에 날리고
처마에 걸린 고드름 한 개 두 개 늘어나면
첫눈 오는 소리에 누렁이 하늘을 본다

슬픔 외로움

문득 스며드는 가슴 시림
혼자라는 외로움
멍하니 혼자 쓸쓸함 적막함
답답한 가슴 속상해
우두커니 혼자 외로움

흐르는 음악 소리에 눈물이 나
문득 내어준 가슴이 더 슬퍼져
창밖을 흔드는 나뭇가지 어두워
꼭 내 맘 닮아 슬프구나

방 한 가운데 우두커니
혼자라는 생각이 더 깊어져
외로움 밀려들고 어찌할지 몰라
거리를 걷는다

다 함께

함께라는 건 힘을 나누는 것
함께라는 건 같이 걸어가는 것
함께라는 건 같이 즐거움을 느끼는 것

무리들 속에 내가 속해 있는 건
함께 살아가는 기준이 있다는 것
발맞추어 나아가는 건 함께라는 것
함께 웃는다는 건 미래를 그리는 것
내가 잘할 수 있는 건 함께라는 힘

다 함께 산다는 건
외롭지 않은 오늘
다 함께 산다는 건
든든한 내일이 온다는 것

귀인

어느 날 문득 찾아온 귀인
나에게 날개를 달아준 그런 인연
알아보지 못하고 지나가 후회할 그런 인연
알아보고 귀히 여겨질 그런 인연
귀인은 어느 날 내 옆으로 다가와
내 삶을 바꾼다 어느 날 문득

생각을 바꾸고
행동을 바꾸고
미래를 바꾼다
다가온 귀인은 꿈처럼 영롱하다

알아보고 귀히 여겨질 그런 인연은
내 정신의 지배자
친구도 애인도 가족도
내 삶에 동행한 귀인
그들 모두 다

무의도 실미도

적막한 바람과 외로운 바다가 기다리는 곳
무의도 어두워 쓸쓸하다
그곳 그분들 영혼을 달래어 본다

영화처럼 이야기처럼 느껴지는 적막함
황량한 모래 산 높고 바닷바람 차갑다
멀고도 오랜 시간 속 그들 안타까움 시려 오고
메아리로 울리는 구령소리 쩌렁! 쩌렁!
지난 역사 속 그들 떠오르고
한 발 다가서니 아프다

골목골목 그들 기리는 흔적 가득하고
무의도 실미도 어두운 파도 몰려온다
저 멀리 고깃배
그들 모습 그려져 몸부림치고
삶과 죽음의 기로에 선 그들
외롭고 슬프다

그곳 그 자리에

떠나기로 했다 어디로
떠나 보기로 했다 먼 곳으로
님은 그곳 그 자리에 혼자 있다
떠나온 그곳 그리워 님 생각나

새로운 세상
새로운 사람들
왠지 서글퍼 님 생각나
환한 얼굴
슬픈 미소
그곳 그 자리에 남겨진 그대여
오늘은 무엇을 슬퍼하나

그곳 그 자리 그대여
이곳 별님 생각나
하늘을 한번 본다

알리망고

먼 나라 시장 풍경 새롭다
자이언트 랍스터 코코넛 크랩
알리망고 대왕 집게발
즐비한 상점 속 칠리소스 매콤하고
마늘소스 태우는 버터 향도 향긋하다

모닝글로리 굴소스 윤기가 흐르고
노릇한 마늘밥 식욕을 부르며
종지 속 소스들 색깔을 맞춘다

유리잔 속 코코넛 주스 투명하고
알알이 씹히는 고소함에 와우~
순박한 상점들 시장 사람들
어깨동무하며 손님을 맞이하고
쌈짓돈 여행객 흥정을 붙이다

타국 풍경

낯설은 모습들 거리들
낯설은 사람들 상점들
이곳이 타국이래요

익숙지 못한 언어들 음식들
나와는 다른 피부 색깔
이곳이 타국이래요

별반 다를 게 없는 도시들
번쩍이는 네온사인 뒤에 숨은 카지노 호텔
세계 각국 사람들 모여 승부를 가리고
지금 시간 낮과 밤을 가리켜
빨주노초파랑 그들이 온다

낯설고 설레는 타국의 풍경에
고향 생각 잠시 접어 둔다

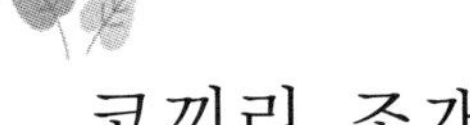

코끼리 조개

먼 나라 이웃나라 필리핀
공항 풍경 촌스러움이 정겹고
길가에 자전거들 생소하다

불 위에 양은 냄비 지글지글
처음 보는 코끼리 조개 대왕조개
모양도 코끼리 그 모습이 우습다
호기심을 자극해 한 입 베어 물면
달큰한 육즙이 퍼지고
쫀득한 코끼리 살 너무 향긋해
처음 보는 코끼리 조개 반갑구나

먼 나라 필리핀 우리들 시골 마을
어렵던 어린 시절을 회상하며
그 모습이 낯설지 않아
이곳이 타향인지 고향인지
별 보며 생각하네

빨간 등대

오이도 밤바람 빨간 바람
오이도 밤바다 빨간 바다

빨간 등대 옆 전망대 철조망
뚝 너머 흐르는 잔잔한 바닷물

뚝길을 걷고 있는 오리 한 마리
뚝길을 걷고 있는 까망 두 마리

늘어선 상점들 속 빨간 멍개들
오이도 바닷가 잔잔하다

늘어선 길가에 네모난 자동차
오이도 빨간 등대 시간을 비춘다

붕어빵

유리 천막 그 속에 붕어들
달콤한 단팥 냄새가 향긋해

줄줄이 늘어선 붕어들
천막 속에는 꿈이 있다

호호 부는 고사리손 아이들
천막 속에는 희망이 있다

길 가는 행인들
고소함에 발길을 멈추고
동그란 철판 빙빙 돌아간다
뜨거운 붕어 한 마리 잡아들고
즐거움에 들뜨고 행복을 느낀다
유리 천막 속 붕어들 겨울을 느낀다

폭죽 바다

밤 그리고 영종도 바닷가
처음이야, 이런 시원한 바람은
웃음이 저절로 나온다

해변의 사람들
아이들 연인들 노래하는 사람들
음악은 흐르고 바닷물 밀려드는 모래
하늘에 띄우는 요란한 폭죽 소리
모래에 파묻은 폭죽이 하늘로 날아간다

아이들 웃음소리 즐거운 비명소리
내 입가에도 탄성이
무지개색 불꽃이 번지고
영종도 바다를 환하게 비춘다
날아오른 불꽃은 별처럼 빛이 난다
밤 오늘 바다 바람 청량하다
밤 오늘 시원한 추억을 만들어 간다

사랑한다면

　늘 같이 있고 싶어
웃는 모습 너무 예뻐 만지고 싶어
　식탁에서 마주보며 이야기하며
키스하고 싶을 거야
　서로 손을 잡아 줄 때
따뜻한 마음이 전해져
　두 사람을 사랑할 수는 없을 거야
사랑이라면 같이 걸어가고
　서로 안아 주고 싶을 때
추억을 만들고 미래를 꿈꾸며
　함께 길을 떠나는 거야

산다는 것

비 오는 소리에
잠시 눈을 뜬다

바람과 싸우는지
바람과 대화하는지
버티컬 소리 요란하다

침대에 기대어 꿈속인 듯
현실인 듯 생각에 잠긴다

아침이 밝아 오고
새벽을 정리하며
꿈속과 현실을 넘나들고
하루를 맞이한다
산다는 것은 꽤 슬프네

무리들 속에 함께하며
내가 살아가야 하는 이유
힘겹게 버텨야 하는 이유

누구를 만나고
어떤 음식을 먹고
어떤 일을 해야 하는 지
참 어렵네

산다는 것은 꽤 어려운 일이다
산다는 것은 꽤 막막한 일이다

제3부

그래도 다시 한 번

겨울 앞에 서다

차가운 바람이 느껴지고
사람들은 두꺼운 외투를 꺼내 들었다

나도 드레스 룸 한쪽을 정리한다
색색의 스카프 무지개색 목도리들
부드러운 캐시미어 체크무늬 모직 바지
두꺼운 패딩으로 겨울을 준비한다
아름다운 멜로디도 준비한다

겨울 앞에 서 있다
기억도 정리한다
다가오는 인연도 준비한다

이 겨울이 따뜻하길
이 겨울이 슬퍼지지 않기를
누군가와 속삭이듯 차 한 잔을 마시고
웃을 수 있기를

창 너머 흔들리는 나뭇가지 위
눈꽃 필 무렵
그리운 사람도 잊혀지겠지

겨울 앞에 서서 바람과 마주한다
하얀 바람은 인사하고
하얀 마음은 얼음이 되어
차가운 미소로 다가선다

겨울 앞에 내가 서 있다

그 사람을 만났다

그 사람을 만났다
오랜 기다림 속에 다가온 그
가슴이 뛴다
묵혀진 시간 속에 움직이는
내 심장이 어색함
인연이라 말해 주면 좋은데
사랑이라 말해 주면 좋은데

그 사람을 만났다
너무 반가운 하모니
향기가 새롭다
그 사람의 체취
너무 사랑스러운 음성
기다리는 시간 속에 다가오는 설레임
그 사람이 다가온다
가슴속 모퉁이에 자리한 너는
솜사탕처럼 녹아든다

샴페인 달콤함

가느다란 투명의 유리잔은 영롱하다
방울방울 맺히는 청량스러움이 시원하다

한 모금 달콤함이 복숭아 향이 난다
한 모금 달콤함이 체리 향이 난다
그 색도 청량하고
탄산수 방울방울이 깨끗하다

유리잔 부딪치는 소리는 종소리
유리잔 부딪치는 소리는 풍금 소리
분홍빛 청량함이 달콤하다

투명한 유리잔은 사랑을 속삭인다
청량한 달콤함은 사랑을 이야기한다

친구 사람

친구 내 사람
그 사람은 내 옆을 지킨다

친구 사람
오랜 시간 나와 함께한다
내가 즐거울 때
내가 슬플 때
내가 외로울 때
내 옆에 있다 · 사랑도 떠나고
세월도 떠나고
내 모습이 조금 미워져도
내 옆에 있다

그 사람 내 친구
자고 나면 소식을 묻고
내가 힘들어하면
그도 생각한다 · 친구 내 사람

그 사람은 내 옆을 지킨다
조금은 아빠처럼
조금은 아이처럼
그렇게 내 옆에 있다

내 친구 내 사람은
내 인생에 함께 있다

안타까운

마음으로 말했는데
진심을 말했는데
안타까운 그 마음이 서럽다

서로 다른 느낌 다른 행동
속삭이고 싶었는데
말하고 있었는데
웃으며 이야기했는데

서로 다른 마음 다른 말들
한 마리 토끼 되어 머물려고 했는데
다가서지 못하는 그 맘 슬프다

가슴으로 전했는데 미소로 답했는데
다가서지 못하는 그 맘 외롭다
안타까운 마음속 서글프다
상처받은 그리움 울음을 터트린다

혼자

하루 온종일 수다스럽다
남겨진 오늘은 적막하다
잠에서 깨어나니 고요하다

음악 소리 반갑게 안녕
방해받지 않는 외로움
우두커니 공허하고 쓸쓸함
누군가를 생각하는 그런 시간

혼자 남겨진 곳 익숙한 외로움
하루 온종일 다른 공간 바쁜 만남
남겨진 오늘은 적막하다

음악 소리 조용하고 낭낭하다
전화벨 소리도 친근하다
눈 감아 본다
꿈길 속 누군가를 기다린다

풍차 꽃내음

풍차가 돈다
꽃길에 바람을 피운다
붉은빛 튤립
송이송이 그윽하다

초록빛 네온은
아름다운 꽃길에 수를 놓고
여행 속 행인들 발목을 잡는다
순천의 밤은 무지갯빛이다

아름다운 꽃수레가 산책을 하고
황홀한 불빛
수줍은 밤… 꽃내음도 향수를 만든다

풍차 앞 커다란 꽃… 신… 세 개
노랑 빨강 초록 비단을 두르고
함께선 벚꽃나무 정겹다

가을 속 벚꽃이라니…
순천의 밤은 황금마차다

둘레길 돌아서
무지개다리를 건너고
카메라 속 꽃들은
추억을 찍어 낸다

세상의 시작

새벽을 여는 소리가 들린다
닭 울음소리 물 떨어지는 소리
나뭇잎에 올라선 새 지저귀는 소리
기찻길 옆 신호등 종 울리는 소리
세상의 시작을 알리는 소리

만남을 부르고 사랑을 속삭이며
따스함을 만드는 인연을 부르는
그런 아련함 희망스러움~
세상의 시작은 인연을 부르는
만남을 앞다투는 그런 따스함

나 그리고 세상의 중심 속 우리들은
세상의 시작을 알리고 노래한다
세상 속으로 앞으로… 앞으로…

방울 모자

까만 방울 까만 털모자
까만 얼굴 까만 입술이 푸르다
까만 운동화가 깨끗해
미소를 머금게 하는 그대여

그늘진 어깨 위 잔잔한 외로움
조그만 얼굴 동그란 눈동자
까만 방울 솔
어둠이 외로운 그대여

까망이 왔다 · 나에게로
어둠 속 방황하던 어느 날
문득 스며든 그대여

손 내민다 까망이… 다가오고 있다
밤은 지나고 새벽이 일어날 때
함께 손잡는다 · 까만 그대여

그 순간을 기억해

그 날을 기억해
그 시간을 기억해
무슨 말도 필요하지 않지만
우린 아마 알고 있다 생각해

그 시간은 우리에게
소중한 시간이었어
서로 다른 마음
서로 다른 시선은 슬프지만
웃고 있던 그 순간만큼은 진심이었어

먼 하늘 다른 공간에 살아가겠지만
인연이라면 또 다른 만남으로 다가올 거야

인생이란 마음이란
이상한 나라의 파랑새야
잡으려 하면 도망가는 신기루야

진심이 느껴졌어
아픔이 느껴졌어
마음이 느껴졌어
상처가 느껴졌어

그날을 기억할게 소중한 추억으로

같은 하늘 아래서

시간은 흐르고 흘러서
십년을 훌쩍 넘기고
하얀 머리카락 군데군데
하나 둘씩 생겨났다

둘이 앉아 밥 먹던 식탁 위에
혼자 앉아 있다
반년 쯤 시간이 흐르고
첫눈이 내리자
미움도 그리움도 사라졌다

같은 하늘 아래서
우린 함께 있다
같은 하늘 아래서
혼자 남겨졌다

하루하루 살다 보니

또 다른 세상 속 내가 있다

시간이 흐르고 흘러서
이별의 시간이 돌아온 후
처음으로 돌아가 홀로 서는 연습을 한다

이 세상은 외로운 갈망 속
애타는 홀로서기다

첫눈이 오는 소리

첫눈이 오는 소리
바람이 오는 소리
겨울의 차가움이 다가오는 소리
가을이 지나가는 소리

하얀 비명을 지르는 소리
하얀 물방울이 맺히는 소리
우산 위에 하얀 물감이 구르는 소리
뒤뜰에 누렁이가 멍멍이는 소리

구둣발 뽀드득 경쾌한 소리
연인들의 속삭이는 소리
하얀 차가움이 손 비비는 소리
첫눈이 오는 소리
눈송이 날리며 연 날리는 소리

그래도 다시 한 번

미움이 싹튼 자리에 그리움이 자라난다
세월이 그리움을 초대했다
그래도 다시 한 번 님 그리워한다

아픔이 남은 자리에 열매가 주렁주렁
떠나 버린 나 자신이 서글퍼 웃음 짓는다
한여름 밤 다가온 이별이 추억으로 남았다
그래도 다시 한 번 님 생각한다

홀로 이 밤 이슬방울 눈가가 시리다
덩그러니 혼자가 약속된 밤이다
어젯밤 꿈속에 님 미워 소리쳤지만
대답 없는 님 무서워 흠뻑 놀랐다
그래도 다시 한 번 님 그리워

술잔을 부딪치며 슬픈 생각을 한다

제4부

둘이 함께하는 거야

푸름에 노래하다

뜨거운 한 낮에 산책길은
바람을 그리는 하모니!
아이스크림을 부르는 메아리
재잘거리는 동무들과
정겨운 사람들과 동행길
한 방울 땀 내음과 숲속의 푸른 내음이
내 가슴에 뭉클하게 다가섰다

이어지는 무리들 속 누군가 노래를 하고
정상을 향해 앞으로 나아간다
푸름이 넘쳐나며 소리칠 때
우리들은 시원한 병풍과 마주하고
반갑군요 나무들아! 꽃님들아!
메아리 울려 퍼지며 웃음소리 요란하고
푸름에 인사하며
행복한 노래가 흘러나온다

오골계 배추 잎사귀

북적이는 인파 속 닭장에 오골계
배추 잎사귀 한 잎 베물었다
고소한 지짐이 뒤집는 소리
숯불에 올려진 생선들 연기를 퍼트리고
가득이 진열된 호두 밤 땅콩들 행인을 부른다
배추 아저씨 리본을 묶으며
노래하는 소리
김장배추 사셔요~

오렌지색 영롱한 대봉은
봉긋한 자태를 뽐내고
빠알간 사과와 연둣빛 포도는
달큰한 향기를 선물한다
그와 나누던 호떡 한입도 달콤하다
네모난 길가에 네모난 차들도 줄다리기 하고
그와 거닐던 그 길도 끝이 났다

둘이 함께하는 거야

혼자가 아니야
둘이 함께하는 거야
하늘을 보는 건 거리를 걷는 건
달콤한 캔디를 음미하며
흘러간 팝송을 듣는 건
둘이 함께하는 거야

밀려드는 사람들 속에
우리가 함께 있는 거야
혼자가 아니야 같이 걸어가는 거야
추억 속에 니가 없지만
꿈속에는 니가 있어 다가서는 거야

둘이 함께하는 거야
들판에 이삭을 줍듯이 만들어 가는 거야
혼자가 아니야 함께 웃어 주는 거야

하루

오늘 하루는 그림을 그린다
둘이 걷던 비탈길 하늘 사이로 비추던
구름 속 토끼들이 방긋 웃는다

풀 내음은 싱그럽고
네잎클로버 한줄기가 내게로 왔다
수줍은 미소 속 담긴 다정한 눈망울
그 미소도 함께 있다

지친 하루가 달래어 웃음 짓는 그 순간
또 다시 슬픈 인연을 만든다
잔디밭 귀퉁이에 뒹구는 쇳덩이처럼
내 맘도 굳어져 불을 피우고
시간이란 친구와 여행을 떠났다

울음을 터트리다

회색 바닷가 외로운 영혼
흐린 하늘과
밀려드는 아픔을 가눌 길 없어
아픔을 소리지른다
저 바다 너머
저 산 너머
우리 님 찾을까

비 내리는 바닷가
해변 앞에 혼자 자리한다
밀려드는 차가운 마음과
시린 바람은 아프네
다가오는 파도를 맞이하며
울음을 터트리다

응어리진 지난 여름
아픔을 털어 버리며

한겨울 바닷가 해변가에서
혼자 외로이 서 있다
한 쌍 철새를 바라보며
울음을 터트리다

소리 없이 내리는 겨울비
바닷가 적막함
차가운 소리로 대답하며
한 방울 눈물로 나에게 왔다
이 겨울 바닷가 외로운 영혼
울음을 참으며
저 먼 바다를 바라본다

거품 파도

하얀 거품
하얀 파도
하얀 하늘
올라오는 뭉근 바닷물
거품과 파도
하늘과 맞닿은 바다
그리고 파도 메아리

바다 한가운데 점 하나
퍼진 그림
하얀 캠퍼스
웅장함 망망대해 바다님 반가움

넓게 퍼진
하얀 거품
하얀 파도
먹구름 하늘과 퍼지는 하얀 구름

색깔의 조화로움
하얀 파도 타고 떠다니는 통통배 하나
경이로운 바다를 바라보는
해변 앞 우리
하얀 바다
하얀 파도
하얀 메아리

거품을 몰고 파도를 타고
여행을 자리한다

밤 기차여행

어두운 창가에
별처럼 움직이는 불빛들
보이는 건 어둠과
점처럼 작은 빌딩들
레일 소리 커지고
기차는 속도를 박찬다

밤 기차 속 우리들은
어둠을 지킨다
고개를 떨구고
음악을 들으며
우리들은 달린다

고요하고 정막하다
기찻길 창 너머
낮은 집들이 보이고
무수한 불빛들이 별처럼 빛난다

캄캄한 어둠을 가르고
기차는 달린다
내 마음도 여행하는
그곳으로 다가간다

어둡던 터널을 지나고
정거장 보이던 그 순간
기차 레일 소리 덜커덩
상점들이 모습을 들어내며
우리들의 여행도 시작한다

수평선 해변가

수평선 너머
파도 소리는 내 울음소리
수평선 너머
파도 소리는 아침 인사

거친 물줄기는
유리창 너머로 다가오고
하얀 거품은
강풍처럼 태풍스럽게
다가온다

투명한 통창 너머로
에메랄드 그림이 펼쳐지고
하늘 위 구름은
바다와 힘겹게 악수한다

청량한 물소리
파도 소리
내 울음소리
해변가 정다운 철새 한 쌍
노래하는 소리

은빛 모래 위를 걷고 있는
그 님들 사람들
저 멀리 우뚝 선 무인도는
외롭게 날 보네

하얀 파도는
메아리치며 울부짖고
휘청이는 돛단배 까만 점처럼
희미해져 간다

통창 너머 내 맘도
구름 속 님 찾아 길 떠나고

회색빛 감도는 하늘을 보며
이야기한다

파도
구름
하늘
물소리

아름다운 해운대 바닷가

가을 그리고 여행

창가에 방울방울 빗물 한 방울!
창밖 너머 호수가 어둠이 깔리고
음악은 잔잔하게 다가왔다
재잘거리는 그들 속에 내가 있고
시름에 잠긴 나와 함께 그들이 있다

펼쳐진 식탁 위에 술잔이 놓이고
유리잔 부딪치는 소리가 경쾌하다
거리에 빗방울 떨어지는 소리도 경쾌하다
현란한 음악 소리 요란하고
내 마음도 빙글빙글 돌아간다

어느 가을날 여행도 시간을 다했다…

제5부

삶 속으로

〈에세이 편〉

에세이 편

사랑의 무게

연인들은 두 사람이 만나 사랑을 한다. 처음 만나 둘 중 누군가 먼저 좋아하게 되고 나머지 한 명이 그 사람을 바라볼 때 연인이 된다.

때론 짝사랑이 될 수도 있다. 아무리 노력해도 상대의 마음을 얻지 못한다면 짝사랑으로 끝난다. 때로는 그 사람에게 집착해서 스토커가 되는 사람도 생겨난다. 슬픈 집착의 시작이다.

연인들은 처음 만나 사랑을 할 때 비슷한 마음으로 시작하지만 세월이 흐르고 둘 중 한 명의 마음이 점점 깊어져 사랑의 무게가 기울기 시작한다.

두 명이 똑같이 사랑하는 일은 세계 어디에도 없다고 한다. 사랑의 무게가 기울고 누구 한 명이 상대방을 더 사랑하고 한쪽이 덜 사랑하게 되면서 두 가지의 부류가 생겨난다.

행복한 연인이나 부부가 탄생하기도 이별을 맞이하는 연인들도 생겨난다.

어떤 커플은 처음에는 상대를 그저 그런 시각으로 바라보다가 상대보다 더 그 사람을 사랑하게 되어 그 곁을 떠나지 못하고 깊은 사랑을 나누는 커플도 생겨난다.

그런 연인들을 우리는 천생연분이라 말한다. 사랑의 무게는 마음이란 밭에서 자라난다. 인간은 세상에 태어나 세 번의 사랑을 하게 된다고 한다. 물론 모든 사람들이 그렇다는 것은 아니다. 그저 통계학적으로 말하는 것이다.

우리는 결정해야 한다. 내가 더 사랑하는 사람을 만날지 나를 더 사랑하는 사람을 만날지 두 가지 선택의 기회가 주어질 때 내 인생을 더 좋은 방향으로 이끌어 가야 한다.

사랑의 무게가 같지 않다면 누가 누구를 더 사랑하는 것이 중요하지 않고 그 사랑을 지키기 위해 배려하고 이해하고 먼저 손을 내밀어야 한다.

인생은 나의 인간관계와 사랑을 책임져야 하는 모든 행동들로 구성되고 스토리가 된다. 잘 사는 것이 무엇인지 모르겠지만 자신이 선택한 모든 것을 후회하지 말아야 한다.

마음

우리들의 마음이란 바로 나 자신이다. 평생을 살면서 마음을 참 많이도 힘들게 했다. 내가 처음 움직인 마음은 초등학교 1학년 봄소풍 때였다. 소풍 가방에 과자를 한가득 채우고 즐거워했다.

초등학교 5학년 때 편부를 받은 담임선생님을 응징해야 한다는 마음이 생겼다. 반 아이들을 선동했고 데모를 했다. 편부를 준 아이들 실기 점수가 평등하지 못하다고 생각한 게 이유였다.

고등학교를 졸업하고 돈을 벌어야 한다는 마음이 생겼다. 돈을 벌면서 마음이 내키지 않은 일들도 했다. 후회하는 마음이 생기기 시작했고 뒤돌아보는 일들이 많아졌다.

마음이라는 게 뜻대로 움직여 주질 않았다. 착한 마음과 나쁜 마음이 함께 공존하면서 나를 흔들었다.

때로는 꿈이란 마음이 생겼다. 꿈! 가장 벅찬 마음의 꿈을 실현하고자 노력했다. 하지만 꿈보다는 돈을 버는 일들에 집착했다. 사람들에 대한 마음도 끊임없이 변하고 달라졌다. 마음은 나를 계속 성장시키고 있었다.

이제 중년의 문턱을 넘고 그 마음과 함께 이 자리에 있다. 마음은 참 많은 일들을 하고 있었다. 남은 내 인생도 마음과 함께해야 한다. 서로 공존하고 의지하며 좋은 마음과 타협하면서 흔들림 없이 잘 살아야 한다.

내 자신이 마음의 주인이고 인생을 함께한 경험으로 그 마음을 지배할 수 있으니깐….

음식… 행복 추구

우리들은 태어나서 행복을 추구할 권리가 있다. 누구나 바라는 행복의 기준점은 다르겠지만 불행하게 살기를 바라는 사람은 없다.

내가 생각하는 잘 사는 인생에 대하여 말하려 한다. 사람들은 어린 시절 자라온 환경에 따라 의식주 문화가 모두 다르다. 성장하며 조금씩 바뀌지기도 하겠지만 잠재된 의식 속 문화는 누구에게나 남아 있다.

우리들이 돈을 버는 목적은 의식주를 해결하기 위해서다. 내가 생각하는 그 중에 첫 번째는 음식이다. 안락한 집도 필요하고 멋있는 옷도 필요하지만 가장 현실적으로 늘 함께하는 게 음식이고 미각이다.

좋은 음식은 좋은 만남을 주선하고 행복을 부

르며 만족한 삶의 질을 느끼게 한다. 만약 내가 음식을 그저 끼니를 때우는 한 끼라고 생각한다면 그 사람은 결코 비싼 음식을 지불하기 위해 더 힘들게 노력하면서 살아가지 않을 것이다.

만약 내가 천 원짜리 김밥에 불만이 없다면 내 인생도 천 원짜리 인생이 되는 것이다. 언제나 좋은 음식을 먹어야 하는 사람들은 그 음식을 먹기 위해서 계속 노력하고 생각하며 발전한다.

물론 비싼 음식이 가장 맛있는 음식이 될 수는 없다. 하지만 가장 비싼 식재료가 가장 좋은 음식을 만드는 기본이 된다.

사람은 태어나서 누구나 행복할 권리가 있다. 자신을 소중하게 생각해야 하며 행복한 삶을 지켜야 한다. 그러기 위해서는 아무 음식이나 대충 먹어서는 안 된다.

좋은 음식을 찾아다니고 누군가와 함께하고 행복해하면 삶의 질은 높아지고 내 자신의 가치를 생각할 시간이 주어지고 내가 행복하다 느낄 수 있고 가족도 친구도 지킬 수 있다. 누구나 사랑할 수 있는 마음 또한 비로소 생겨나는 것이다.

사람은 태어나서 죽는 그 순간까지 음식을 먹어야 하며 무엇을 먹을지는 바로 나 자신이 결정하고 선택하는 것이다

행복한 삶은 맛있는 음식과 함께하며 더 나은 인생을 갈망하며 좋은 음식을 먹기 위해 나 자신의 행복을 추구해야 한다.

내가 살아온 시간
내가 살아가야 할 시간

우리들 어릴 적 꿈은 언제나 변하고 또 변했다. 지금 나의 세상도 변하고 또 변한다. 뒤돌아서면 한 해 두 해 세월은 지나고 내 몸과 마음은 함께 변해 간다.

꿈을 이루려 새로운 아이디어를 내고 창작을 하던 풋풋한 젊음은 사라지고 삶과 힘겹게 사투하는 모습만이 남아 있다.

운동장서 뛰놀던 어릴 적 친구들 몰려다니며 책상과 벗 삼던 학창시절 무엇이든 자신했던 젊은 시절도 세상을 조금씩 배우고 깨우치며 난 삶에 반을 소비했다.

하지만 아직도 난 미래와 꿈이 있다. 물론 어린 시절 철없던 그런 소망은 아니다. 내 가족과 내 친구와 세상의 중심 속 모든 사람들과 걱정 없이 살아가고 싶은 것이 마지막 내 꿈이고 목표다. 어쩌면 너무 거창하고 어려운 숙제일 수도 있다.

하루를 한 해를 또 내일을 열심히 살아가는 게 얼마나 힘든 건지 알고 있기에 걱정과 시름도 함께한다. 그래도 자신의 주어진 삶과 오늘을 또 이 시간을 소중히 하며 살아가야 한다고 말하고 싶다.

조금 더 나은 미래를 위해 누구나 열심히 살아야 한다. 그 결과 조금 더 나은 삶이 기다리고 있다면 또 다른 꿈을 꾸고 아침을 기다리며 웃을 수 있을 것이다.

게으른 사람은 늘 가난하다.
불평불만이 많은 사람은 친구가 없다.
가족을 지키지 못 하는 사람은 인생 낙오자다.

내가 살아온 시간이 조금 부족하다면 앞으로 내가 살아가야 할 시간은 내 자신과 내 가족과 내 친구와 모두를 위해 좀 더 성숙한 인생을 만들어야 한다. 그러기 위해서는 지나온 내 발자취를 돌아보고 조금 더 발전한 내 모습을 위해서 생각하고 노력하며 건강해야 할 것이다.

만남… 인연

만남에는 우연과 필연이 존재한다. 우연히 만나서 서로에게 끌려 만남으로 이어지고 서로가 마음이 통하여 사랑하게 되고 인연이 되어 누군가와 함께 걸어가는 삶의 출발지점에 선다.

우리는 살아가면서 수많은 사람들을 만나게 되고 만남과 우연히 반복되어 그 어떤 사람과 인연이 되고 그 만남은 필연으로 이어져 운명이 된다. 운명적인 만남이 부부가 될 수도, 친구가 될 수도, 사업 파트너가 될 수도 있다.

인생을 살아가며 사람은 누군가와 만나고 헤어지기를 반복한다. 좋은 만남을 가지고 가는 사람, 나쁜 만남을 가지고 가는 사람, 우리들 삶 자체가 만남과 헤어짐의 반복이다.

나는 세상의 중심에 서 있다. 내가 서 있는 이곳이 나를 중심으로 움직이는 세상의 시작이고 출발점이다.

세상의 시작은 모든 만남과 이별을 준비하고 인연을 만들어가며 그 어떤 만남을 위해 다시 기다린다.

파랑새가 날아오르다

어느 이상한 나라에 파랑새 한 마리가 살고 있었어요. 마을 사람들은 파랑새를 너무 사랑했어요. 그들에게는 파랑새가 너무 귀하고 소중한 존재였죠.

어느 날인가 사람들은 이상한 고민에 잠을 이루지 못했죠. 파랑새가 날아가 다른 곳으로 가버릴까 걱정하며 이 문제를 해결할 방법을 궁리했죠.

마을 사람들은 성벽을 높게 쌓아 파랑새를 가두기로 했어요. 사람들은 교대하며 먹고 자는 시간을 빼고는 성벽을 쌓는데 모든 시간을 투자했어요.

세월은 계속 흘렀고 성벽은 계속 올라갔어요. 파랑새도 쉴 새 없이 계속 날아 올라갔어요. 사람들은 계속 성벽을 쌓았어요. 파랑새도 높은 곳으로 계속 날아 올라갔어요.

어느덧 수없는 나날이 지났고 사람들은 아무것도 하지 않고 성벽만 쌓아가고 있었어요. 모든 사람들이 성벽을 쌓는데 인생의 전부를 걸고 있었어요. 파랑새는 계속해서 날아 올라갔어요.

어린 시절 동화책에서 읽었던 이야기인데 세월이 지나 지금 생각해보니 참 어처구니없는 이야기란 생각이 드네요.

아무것도 아닌 일에 모든 사람들의 인생을 걸고 시간을 낭비하고 이 동화에서 우리들에게 전하고자 하는 교훈은 뭘까요?

"인생을 쓸데없는 일에 몰두하지 마라."

이런 말을 하고 싶은 게 아닐까요?

나의 인생 성적표

우리는 살아가면서 수많은 사람들을 만나게 된다. 처음에는 부모를 만나고, 가족을 만나고 친구를 사귄다. 사회생활을 하면서 동료, 상사를 만나고 뜻하지 않은 귀인을 만나기도 한다.

하지만 원하지 않는 만남이 생겨나 스스로 인생을 망치기도 한다. 내가 원해서 만난 사람, 우연히 다가와 인연을 맺은 사람.

삶의 중반쯤 도달했을 때 우리는 누구나 인생 성적표를 받는다. 남은 내 인생의 가치는 그때부터 결정된다.

은행에서 정한 신용 등급도 중요하지만 정말로 중요한 건 남들의 입에서 입으로 퍼지는 나에 대한 인성과 성품이다.

무슨 일을 추진함에 있어서 사람들은 무조건 높은 자리에 있거나 돈이 많은 부자들의 말만을 따르지는 않는다. 오히려 별반 가진 게 없지만 인품이 훌륭한 사람의 생각과 말을 경청한다.

그 사람의 말과 행동은 군중을 움직이는 힘이 있다. 그런 사람과 인연을 맺어 조언을 구하고 생각하고, 행동한다면 누군가에게 해가 가는 그 어떤 일도 벌리지 않는다. 이런 사람을 보고 우리는 성공한 인생 모범 답안지라고 말할 수 있다.

돈은 삶에 있어 굉장히 중요하다. 하지만 그 돈을 가지려 한다면 먼저 내 삶의 가치를 남들에게 평가받아야 한다.

나의 가치가 훌륭하다면 어떤 일을 도모함에 걸림돌이 생기지 않고 앞으로 나아갈 때 자신감과 힘이 생겨 성공의 지름길로 인도할 것이다.

무엇을 가지려 하는가

태어나 엄마 젖을 먹으며 아기는 힘을 준다.
이것이 갈망의 시작이다.

유아시절 장난감에 때를 쓰고 과자를 먹고 유치원에 입학하며 때 이른 영어를 구사하고 연극을 하고 학창시절 학원가를 전전하며 내신 성적에 영혼을 팔고 사회에 나와 좋은 취직자리로 가기 위해 경쟁을 한다.

쌍쌍이 만나 연애를 하고 헤어지고 또 결혼하고 이혼도 하고 다시 누군가를 만나 인생을 이야기하고 중년의 문턱에서 노후를 설계하며 미래의 불안감을 느낄 무렵,
누군가는 윤택하게…
누군가는 가난하게…
그들만의 위치에서 삶을 이어 간다.

누구나 똑같은 시간을 가지고 태어났지만 갈망하는 그림과 살아가는 모습들이 전부 다르다. 신기하고 또 신기한 사람들 우주 어딘가에 외계인이 살아간다면 우리랑 같은 것을 갈망하며 살아가는 걸까?

죽음에 이르러 아무것도 가져갈 수 없는 게 인생인데 우리들은 왜 갈망하며 모든 것을 가지려 하는지, 이브가 금단의 사과를 먹지 않았다면 그저 벗은 몸 그대로 보이는 것만 탐했다면 우리들도 행복하게 살아갔을 지도 모른다.

외모의 정의

기품 있고 귀티 나는 외모는 그 사람의 말에서부터 시작한다. 얼굴이 아무리 잘생기고 예쁘다 해도 말투가 상스럽다면 누구나 그 사람을 다시 한 번 생각하게 된다.

만약 명품으로 온몸을 치장한다면 부러움의 대상이 되겠지만 모든 사람들의 관심과 관찰을 받게 된다. 하지만 그 사람의 가치가 명품스럽지 못하다면 사람들은 바로 그 곁을 떠날 것이다.

중년에 들어서 얼굴은 자신이 만들어 갈 수 있다. 비싸지 않아도 단정한 옷차림과 깨끗한 신발을 신고 항상 밝은 표정을 유지한다면 고급스런 이미지를 느끼게 되고, 그 사람과 만남을 조심스러워하게 되고 좋은 인상을 갖게 된다.

누구나 타고난 외모보다도 자신이 만들어 가는 내면의 외모를 가꾸어야 한다. 항상 언행에 신경 쓰고 주변 누구에게도 친절하게 대하고 함부로 말하지 않으며 만남의 자리에서는 상대의 눈을 응시하고 차분히 말하고 살짝 미소를 띤다면 설득력 있고 기품 있는 사람으로 기억에 남게 될 것이다.

타고난 외모도 중요하겠지만 나이 들어가면서 자신이 만드는 외모야 말로 사람의 부와 삶을 윤택하게 만드는 기본이 될 것이다.

사랑의 색깔

화장한 어느 봄날의 2학년 9반의 교실은 아이들도 아닌 아가씨도 아닌 수줍은 소녀들로 가득했다. 수업종이 울리면 그분이 나타난다.

오늘의 수학공부는 사랑의 색깔, 하루 정도 공부하지 말고 사랑의 색에 대하여 서로의 의견을 토론하라고 말씀하셨다.

수학선생님의 말씀이 어제처럼 생생하다. 하얀 분필로 칠판에 쓰인 사랑의 색깔, 저마다 사랑의 색깔에 대하여 의견이 다르고 깔깔깔 웃는 소녀들의 음성이 사랑스럽다.

토론은 끝나고 수학선생님의 칠판에 쓰인 답안지는 사랑의 색깔은 "검정색" 물리학 박사인 우리들의 수학선생님은 이렇게 말씀하셨다.

사랑의 색깔은 검정색이라고, 검정색은 모든 색을 흡수하고 빛도 흡수하기 때문에 사랑의 색깔은 검정색이라고 말씀하셨다. 그날 그분의 강의가 지금도 가슴 뭉클하게 다가온다.

봄날의 교실은 사랑스런 소녀들과 수학선생님의 정겨운 음성과 함께 추억 속으로 길 떠난다.

| 글을 마치고 |

우리들은 삶과 타협하고 악수하며 하루를 보내고 세월을 낚는다. 꿈꾸던 지난 시간들이 무수히 흐르고 삶의 언저리에 올라섰다.

친구들은 떠나가고 내 주변은 새로운 인연들로 가득하다. 자고 나면 잠깐 기억을 더듬는다. 내 삶이 맞는 건지. 아이스 아메리카노 한 잔 속 추억들을 이별하고 따뜻한 재스민 향기를 마주한다.

옷장 속 낡은 청바지를 버리고 랩스커트를 준비했다. 새로운 세상으로 나아갈 준비를 차곡차곡 쌓아간다. 침대에 우두커니 혼자라 슬프지만 만남을 소중하게 생각할 수 있는 망상의 시간이었다.

하루를 쪼개어 바쁘게 살아가고자 한다. 내가 좋아하는 사람과 밥을 먹고 내가 즐겨하는 운동을 하고 내가 좋아하는 친구를 만나고 내가 좋아하는 일을 하고 달콤한 초코칩 한입 베어 물며 하루를 마무리하고 싶다.

난 이제 새로운 세상 속으로 나아갈 준비를 한다. 항상 두렵고 어둡게 느껴지지만 한줄기 빛을 길 잡으며 한 발 한 발 앞으로 나아갈 생각이다.

나의 미래를 위해 내 가족의 행복을 위해 날 사랑하는 모든 사람들을 위해서….